Hennissements

DU MÊME AUTEUR

POÉSIE

Bleu comme un feu, Prise de parole, 2001.

Sudbury (poèmes 1979-1985), nouvelle édition, Prise de parole, 2000 [comprend *L'espace qui reste,* 1979; *Sudbury,* 1983; et *Dans l'après-midi cardiaque,* 1985].

Rouleaux de printemps, Prise de parole, 1999.

L'effet de la pluie poussée par le vent sur les bâtiments, Lanctôt Éditeur, 1999.

La Fissure de la fiction, Prise de parole, 1997.

L'effet de la pluie poussée par le vent sur les bâtiments, Docteur Sax, 1997.

Un pépin de pomme sur un poêle à bois, Prise de parole, 1995.

Amour Ambulance, Écrits des forges, 1989.

Poèmes anglais, Prise de parole, 1988.

Dans l'après-midi cardiaque, Prise de parole, 1985. Épuisé.

Sudbury, Prise de parole, 1983. Épuisé.

L'espace qui reste, Prise de parole, 1979. Épuisé.

Les Conséquences de la vie, Prise de parole, 1977. Épuisé.

Ici, Éditions À Mitaine, 1974. Épuisé.

RÉCITS

L'Homme invisible/ The Invisible Man suivi de *Les Cascadeurs de l'amour,* nouvelle édition, Prise de parole, 1997 [1981 et 1987].

DOCUMENTS AUDIO

Patrice Desbiens et les Moyens du bord, avec René Lussier, Guillaume Dostaler, Jean Derome et Pierre Tanguay, Ambiance Magnétique, 1999, disque compact.

La cuisine de la poésie présente: Patrice Desbiens, Prise de parole, 1985, audiocassette.

*Cinquante exemplaires de cet ouvrage
ont été numérotés et signés par l'auteur.*

Patrice Desbiens

Hennissements

Poésie

Prise de parole
Sudbury
2002

Données de catalogage avant publication (Canada)
Desbiens, Patrice, 1948-
        Hennissements : poèmes

ISBN 2-89423-142-3

        I. Titre.

PS8557.E754H46   2002   C841'.6   C2002-900868-9
PQ3919.2.D48H46   2002

En distribution au Québec: Diffusion Prologue
                                   1650, boul. Lionel-Bertrand
                                   Boisbriand (Qc) J7H 1N7
                                   (450) 434-0306

PRISE
DE
PAROLE

Prise de parole se veut animatrice des arts littéraires en
Ontario français; elle se met donc au service des créatrices et
créateurs littéraires franco-ontariens.

La maison d'édition bénéficie de l'appui du Conseil des Arts
de l'Ontario, du Conseil des Arts du Canada, de Patrimoine
Canada (Programme d'appui aux langues officielles et
Programme d'aide au développement de l'industrie de
l'édition), du Partenariat interministériel avec les
communautés de langue officielle et de la Ville du Grand
Sudbury.

Photographie de l'auteur: Gilles Bérubé
Conception de la couverture: Oliver Lasser

Copyright © Ottawa, 2002
Éditions Prise de parole
C.P. 550, Sudbury (On) CANADA P3E 4R2

ISBN 2-89423-142-3

Les idiots qui lisent mes poèmes
N'y entendent goutte et les dénigrent.
Les médiocres, lisant mes poèmes,
Cogitent et font: «Plus qu'essentiel!»
Les sages qui lisent mes poèmes
Éclatent de rire, simplement…

Han-Shan, poète et vagabond dans
Le Mangeur de Brumes
Éditions Phébus

Boy, people have more fun than anybody,
except horses, and they can't.

Stephen King dans Needful Things
Signet, 1992

Rapido

Comment veux-tu pas
perdre les pédales
quand le plongeur
brasse sa vaisselle
sale et éternelle
comme des
églises en chaleur
dans tes oreilles?

La waitress de la poésie
nous sert un hot chicken,
froid, pas de
petits pois verts.

Son smile est chaud et
lisse.

Elle nous a reconnus.

Les faces de la rue

Ils se regardent
sans se voir,
ils se voient
sans se voir,
sans
savoir:

les faces de la rue
aux yeux profonds
aux yeux vieux
comme la neige:

les faces de la rue
qui se neutralisent
et se martyrisent
et se regardent
sans se croire…

Freshly Roasted
Fraîchement grillées

L'homme sandwich
fut mangé par
la foule.

L'hommelette fut
battu.

Chaque masque qu'elle porte

Chaque masque qu'elle porte
la mord comme
une amoureuse.

Cadenas de bicycle
autour du cou
cadenas de bijoutier
perce ses lèvres.

Son sexe saigne
comme le Saguenay
saigne Saguenay saigne
sous la pluie qui
fait peur aux fleurs.

Elle est la serrure et
la clef et
elle tourne sur
elle-même.

Elle est fermée à toute
suggestion.

Carole (Fleur de lis)

Tu es une chanson
que j'entends
de temps en temps
à la radio AM
du souvenir.

Quand je l'entends
je me lève de mon rêve
pour monter le volume.

Rien d'autre à faire

Rien d'autre à faire
que de voir la lumière
se fendre en quatre
sous cette pluie
sans fin.

Rien d'autre à faire
que transcrire des poèmes
qui ne paient pas
dans des cahiers comptables
que j'ai achetés au Dollarama.

Rien d'autre à faire
que fermer ma gueule
et me terrer
dans mon verre.

Dehors
le temps s'arrête
regarde sa montre
et
continue.

Cène un, prise deux cents

C'est l'heure du souper

ça sent la cuisine
ça sent la friture

ça sent le brûlé

Une ambulance passe:
take out
pizza all dressed
de la mort.

« Trois lignes de haïku… »

«Trois lignes de haïkus…»
le gars dit… «pis
chu gelé comme un lac…»

Il ne peut plus s'arrêter
il court partout
et avec le rouge à lèvres noir
de son ancienne blonde
il barbouille des haïkus
sur tous les miroirs
de toutes les toilettes
de tous les bars
et toute
la ville est
parfumée de poésie et suinte
sous le soleil
comme un iglou.

Dans le parfois de la peau

Le ciel est jaune
le ciel est jeune et rond
autour de nous
L'amour c'est une molle aux fraises
en été/juin brun

Dans le parfois de la peau
des animaux sortent de leurs trous
et regardent passer les rivières
qu'on vient juste de sortir du frigidaire

Dans le parfois de la peau
entre les parois du cœur
les prisonniers se déshabillent
de leur silence

Sous un midi de la rondeur jaune

Sous un midi de la rondeur jaune
d'un citron
tout un peuple se propage dans la rue
comme un feu

Il y a les chars
les chars allégoriques à transmission
automatique
et les piétons qui les évitent
presque par miracle
le tout s'évitant soi-même comme
un mirage

et le policier aux lunettes noires
le policier au regard vide
debout sur un coin
Le policier bleu qui gratte sa matraque
et attend un accident

Ketchup

La journée est chaude.
Le soleil brille comme un beau 25
cennes neuf.

Le beurre de pinottes coule dans la rue.
Il forme un petit ruisseau brun.
Les enfants sont comme devenus fous.
Ils ont le blanc de l'œil rouge et
le noir de l'œil blanc.
Ils se baignent dans le beurre de pinottes.
Ils se promènent dedans avec leurs bottes
d'hiver.
Certains, même, y envoient leurs bâtons
de popsicle déguisés en bateaux.

Vers midi, une bouteille de ketchup a
explosé, prenant la vie d'une famille
entière.
Ce n'était pas du Heinz.

Ma mère dansait le charleston

Ma mère dansait le charleston
entre la table vide
et les bines.
Elle était fine.

Je volais de l'argent de sa sacoche
pour lui acheter des cadeaux.

Et le dieu bleu

Et le dieu bleu
descendit vers le feu
sur une colombe de chocolat

et ses admirateurs
le portèrent sur leurs épaules
vers le trône néonique

et en explosant
il cria
je suis le chef

Le long cool dude

Elle m'a dit qu'elle
avait rencontré un
long cool dude qui
s'appelait Jésus.

Elle n'avait pas remarqué
qu'il portait une
robe de mariage.

Photo de Keith Jarrett

Au bout de chacun
de ses doigts
une petite bouche
qui chante.

Agnostic angel

Agnostique comme un
ange en enfer
elle pète le feu
elle pète le péché
elle se pète les
bretelles et
elle fait son
show and tell
elle déboutonne sa peau
et
danse
danse
danse
sous la belle cloche bleue
du ciel.

Carte postale

Un gars pellette
la neige de
sur son toit.

Il s'accote sur
sa pelle
et me voit
qui le voit
de ma fenêtre.

Je lui envoie
la main.

Il pellette
il neige
il pellette
il neige
il
jette sa pelle
du toit.
Il m'envoie
la main.
Il se jette
du toit.

Il fait froid
à Montréal.

Les périls de Pauline

Ça fait des années
qu'elle est là,
attachée aux traques
sous les neiges éternelles.

Ça fait des années
que les trains lui
passent sur le corps.
Ça fait des années
qu'elle saigne.
Ça fait des années
qu'elle crie Au Secours.

Mais le héros
n'arrive jamais
à la dernière minute.
Ça fait des années
qu'il n'arrive jamais.

On perd nos poèmes

On perd nos poèmes
on archive notre
sang
pour que
dans le futur
quelqu'un maîtrise
notre maladresse.

Poisson messager
(pour Julie)

Couché sur le dos
la bouche sous l'eau
je donne naissance
à un
poisson rouge.

Il s'envole
comme un oiseau
dans la lumière
moitié moite
moitié morte
de la nuit.

La bouche en koan
il nage sur le dos
dans l'aquarium gelé
de ta
fenêtre.

Moto Québec

Je suis assis ici
avec le soir sur mon épaule
comme un oiseau noir.

Une moto jappe
soudainement dans la rue
qui passe dans mes yeux.

L'oiseau se réveille
déploie ses ailes toutes trempes d'étoiles
et s'envole.

Crépuscule

Le soleil a peur de la
terre.
La lune regarde, étonnée
et inquiète.
Elle tombe.
Les planètes se bousculent.
Il ne fait plus nuit.
Il ne fait plus jour.
Il ne fait plus chaud.
Il ne fait plus froid.
Il ne fait plus
rien.

Miles' Smiles

La trompette de Miles
change les meubles
de place.
Elle dessine des croquis de joie
sur la douleur des murs.

Mes oreilles sont
sous la table et
font l'amour.
Un sourire s'échappe
de ma bouche
comme une souris.

Douche téléphone

C'est une douche téléphone
dans un camp de
concentration où
on n'arrive pas à se
concentrer.

Elle sonne.
On décroche.
Personne.
On raccroche.
Trop tard.

Tout nu
tout trempe
trop tard.

Précipitation

La neige tombe.
Hier la pluie tombait.
Tout se précipite.

L'électricité

L'électricité de nos corps
divorce les molécules
de leur mal.

L'électricité
nous trompe.

L'électricité
jaillit du ciel
et
fait des enfants
dans le fleuve.

Je mets une cagoule
sur mon sexe
et je te prends sur
la chaise électrique.

Les lumières vacillent
dans les yeux composés
de la ville.

La noirceur approche
comme une panthère noire
affamée.

La mort nous conte une
histoire, une dernière, et
nous borde.

La paix au Moyen-Orient

Je m'ouvre une autre
bière en pensant
le sink a besoin d'être
nettoyé.

La vaisselle est sale.

Il y a une femme
cachée dans mon lit.
Tandis que je finis
ma bière
elle prie pour la paix
au Moyen-Orient.

Épitaphe
(pour Lenny Bruce)

Il faisait rire
aux larmes.
Il donna l'arme
au rire.

Katerine

Katerine enlève ses yeux
et les place près d'elle
sur la table.
Dans ses yeux
je vois la lune
qui se déshabille
d'un nuage.
Nous nous couchons
et faisons l'amour.
La Boîte à Surprise
de la nuit
se ferme doucement sur
notre intimité fragile.

Mata Hari Kiri

Ses espions sont dans
mon corps.

Elle est si belle.
Elle me plaie.

Champlain Québec

À Champlain
le vent avance
et
recule
comme un tracteur
en manque
d'amour

comme un tracteur
en chaleur
pas de gaz
dans une grange
trop loin
du foin.

Écureuil folle

Il y a longtemps que
je n'ai pas pissé bandé
dans les bois dans
les fougères fuyantes
de vent de vie
tout près
d'un chalet où il y a
une femme qui
viole la forêt vierge
de son regard
et

elle n'est pas convaincue
mais croyante et
à travers la fenêtre
ouverte par
la lumière brûlante du
matin
elle
s'envole
comme une
écureuil folle.

Un bruit envoyé
en l'air

Un songe qui songe
Je suis en retard
pour l'école
buissonnière.

Sur la terrasse Dufferin

Sur la terrasse
le petit garçon blond
aux dents blanches
est un tueur.
Le petit garçon blond
(son père est un grand
garçon blond américain)
sort son fusil à l'eau &
tire sur tous les passants
qui meurent
en sacrant.

Au fond (des choses)

Au fond, tout ce
que je veux c'est
stationner
mon amour Volkswagen
mon amour Econoline
dans ton garage velu.

Fait divers

Ô Belle au bois
dormant
réveille-toi.

Tu fumais
au lit.

On ne te
reconnais
plus.

Ton dentier
nous sourit
sain et sauf
dans son
verre d'eau
encore chaud.

Ô Belle au bois
brûlant
réveille-toi.

Notes de l'odeur

Nous ne sommes que l'odeur
du silence
comme
je ne suis que l'odeur
de ce poème.

Giblotte

Elle a laissé des traces
de doigt sur mes yeux
comme sur des lunettes
de soleil cheaps.

Dans les périphéries de
mes mots
il y a une ombre
là
une forme familière
là
comme une photo hors-champ
en noir et blanc
un regard qui effleure
l'œil de la caméra
et s'en va
agace-lumière
vers le silence
pour ne plus jamais
revenir.

Les miroirs sont tous
menteurs et
les Expos ont encore
perdu.

Funky Tonk

Les garde-fous
sont brisés.

La vache est
partie avec mon
disque de
Pink Floyd.

Pourtant

Je suis un saule pleureur
qui n'a plus de larmes.
Assis dans un bar sur
Saint-Laurent je drague le
fleuve.
Pourtant.
Je crache dans ses yeux sales
et il retourne mon regard.
Pourtant.
Il savoure ma salive.
Il va il vient
il entre il sort.
Je me répète comme un
record accroché sous le
diamant usé du ciel.
Pourtant.
Mon sexe s'allume comme
un phare entre Baie-Saint-Paul
et Anticosti.
Je suis gardien là depuis
longtemps à travers tran-
quillités et tantrums.
Mais le fleuve est vieux
comme un parent perdu.
Pourtant.
Dans le bar sur Saint-Laurent
le sourire satisfait des
sourires:

hypoténuse de la
journée.
Le grognement du bouncer
frigidaire jam avec le
drum and base du bar
à côté.
Je regarde le banc où tu
n'es plus.
Pourtant.

Dedans le ciel

Le soleil
le matin
et

les rues
sont blanches
comme du
savon.

C'est propre et
glissant.

Avec l'arrivée de l'hiver

Nous nous rappelons tous du vent vert
dans les voiliers de nos pantalons.
Nous nous rappelons tous du ciel bleu
sous nos ongles.

Avec l'arrivée de l'hiver
l'été est devenu un cerf-volant
accroché dans nos gorges.

Premier juillet

Courbé sous la toile
de ta peau

trop basse
trop là

Il y a quelqu'un
qui vit dans
ton corps

Son loyer est
en retard

Il veut sauter du
quinzième

Il veut brûler
tes bas
et fourrer ton
divan

Il serait temps
que tu
déménages.

Sans paroles

1.
Je lève un coin de la
rivière.
C'est comme une cou-
verture de soie.
Je me couche dessous
je m'habille avec
je dors.

2.
Je coule.
Je glisse lentement
vers la mer.
L'aller et retour
sont simultanés.

Sur une plage

Sur une plage
elle rêve que
la mer devient
une table de taverne
sous ses pieds.

Elle danse
a cappella
dessus.

Ciel gras.
Ciel ingrat.

Les anges s'enfargent
dans les chaises.

Ça ne fait pas
de bruit.

Nuit transistor

Les chars suintants
passent sous mon oreiller.
L'homme des cavernes
cherche de la nourriture
dans les poubelles
sous ma fenêtre.

Ville couronnée de peur.
Face de tueur
dans le tiroir.

Le ciel porte un chapeau
de mascara sec.

La boucane de l'amour

La boucane de l'amour
s'étale
dans l'étable
de la chair.

Les ventricules du cœur
swinguent
avec un bruit de
portes de saloon.

La vedette sort de son corps

La vedette sort de son corps
et devient un diagramme anatomique.
Elle va d'une personne à l'autre
leur indiquant par une flèche
où sont ses secrets
et pourquoi.

Quand nos lèvres comme
des lièvres

Nos lèvres comme des lièvres
s'élèvent au-dessus de
la misère des mots.

La sève coule d'entre
nos bouches et on
tâte le terrain.

On sent nos sexes
même
six pieds
sous terre.

Marathon

Je vois les numéros
dans le dos des heures
qui me doublent.

Les mains en
sangle sur
le cœur
et

aveuglé par
l'amour

je braille
en
braille.

Le menu

En ville
ceux

qui ont
faim
sont

mangés

Mon chat
(pour David Wormäker)

Mon chat
comprend l'eau
maintenant.

Mon chat
prend l'eau
maintenant.

Les chutes d'oiseaux
le rendent
fou
maintenant.

Elle hait les hommes

Elle hait les hommes
qui lui font haïr les
hommes
jusqu'à
se sentir dead
les jambes en l'air
dans une haie
dans un parc national
avec un monument
Winnebago qui
pisse du pétrole dans
toutes les directions
comme une fontaine
de Jouvence et
qui puise sa parole
dans la peur.
C'est tout.

Les os de mes ancêtres

Les os de mes ancêtres
craquent
en faisant des
génuflexions
autour de la
dinde de Noël.

Rien d'trop beau

Tu m'as dulcinée
tu m'as décimée
toi qui connais
tous les amis de
Zorro.

Le silence est ma seule
chicane et
je rentre dedans à
200 kliks à l'heure.

Le téléphone rouge de
mon cœur sonne
en sourdine sous
la neige nue.
C'est un interurbain
local.

Je m'endors
comme un macchabée
les mains en bouquet
sur mon sexe.

Ce que l'hiver nous fait

L'hiver nous fait comme
un manteau sans poche.
L'hiver tourne autour de
nous comme sous la jupe sale d'un
derviche. Et
le printemps, c'est la fin
de la danse, on retrouve
nos jambes où on les
avait laissées:
derrière le calorifère.

Des gloria excelsis poussent
dans le gazon.
On va prendre une grande
marche vers la ville où
quelqu'un nous attend…
impatiemment…

Les conséquences de la vie

Le minou se dépêche
de traverser la rue.

Sauterelles

Des souvenirs s'allument
comme de la paille
dans mon cœur.

Des sauterelles sautent
dans mes veines
faisant danser mes
jambes sous leur
corps.

J'oublie ma tête
sur un coin de
table.

Le scintillement sauvage
du vin blanc dans
les verres en plastique.

La lutte

À la surprise
de l'assistance huante
les deux lutteurs
baissent leurs shorts
et font vigoureusement l'amour
au milieu du ring.

Après quoi
ils enlèvent leurs pénis
      de leurs corps
(comme on enlève un couteau
de son étui)
et se poignardent avec
jusqu'à ce que
la mort
vienne.

L'acte de tristesse

Je ne boude pas.

C'est juste
qu'il y a
l'acte de tristesse
qui me traverse
qui se promène
comme une promesse
dans mon
panthéon vide.

Un moulin à prière
tibétain dans une main
et le téléphone qui
brûle dans l'autre.

J'ai l'air de la
statue de la Liberté
qui va avoir mal
au cœur.

Je ne bouge pas.

Situation précaire

Tout le monde se connaît
mais personne se
parle.

La vérité pour
le moment
réside dans le
paquet de DuMaurier
rouge
sur la table.

Petit polar

Elle est perdue.
Elle répète dix fois
la même chose comme
si elle ne croyait pas
ce qu'elle vient de dire.

Elle ne peut plus raccrocher
et moi non plus.
On a le fil du téléphone
autour du cou.

Je regarde la lune
disparaître derrière
un nuage.

Le wouwou

Le wouwou s'ennuie déjà
de sa woman.
Elle s'en va cataloguer la campagne
avec ses doigts de charrue.
Elle embrasse la rosée sur
son front.
Il lui embrasse la main et
donne un bec sur le sexe
de son sourire.
Elle lui donne un dernier bec
sur la bouche
en disant
one for the road
et
il la regarde partir comme
s'il ne la reverrait plus
jamais.

Gare Charlesbourg

7:10 p.m., 1973

Tout est tranquille
comme avant un cri.

Les autobus
ronronnent et agi-
tent leur
queue de fumée
grise.

Homme

Trop lâche
pour sortir
de son char

il klaxonne.

La ruelle
rue.

Une si jolie veuve

Une si jolie veuve
vente et volage
dans les vénitiennes
aveugles.

Hennissements chauds
dans les étables étroites
de la nuit.

Le sourire de ses fesses
tendres comme rosée
sous les draps enlacées.

Que les miroirs
lui appartiennent.

Que le ressac
de ses hanches
nous réveille sur
nos lits d'hôpital.

Que les champlures
chantent son nom.

Une si jolie veuve.

Kiwi

Cinquante ans.

Pas d'enfants.

Piscine.
Maillots.

Il gratte le kiwi pourri
entre ses jambes
et rêve des
petits sourires souris
de petits enfants.

Une mouche meurt

Une mouche meurt
dans une fenêtre
où la lumière
s'éternise.

Je colle au sol
comme une pierre.

Le jour se suicide
à petit feu sur
le plancher de cuisine.
Un silence me monte
à la gorge.

Couché sur le dos
comme une tortue
je regarde les étoiles
s'exciter.

L'humidité du désespoir
(sur les gobelets)

Le fleuve me regarde de ses
yeux humides comme
une comédienne qui fait
semblant de rien en pleine
crise économique, elle avale
ses larmes de glycérine, elle
perd le contrôle de ses
narines pleines de farine,
elle
fixe mon regard de son
fleuve humide.

Bobinette

En noir et blanc
elle est pas pire.
En couleur
elle est plus belle.
Ses petits yeux brillent
et roulent
comme des billes.

Elle gigote
constamment.
Il y a une main
sous sa robe.

Eric Clapton

Je demande à Eric Clapton
où il a trouvé son son
de guitare et il répond,
en prenant une bonne gorgée
de Beck désalcoolisée, qu'il
écoutait le
Chant des chants, la
Chienne des chiennes
chanter le blues dans
une radio brisée.

Je lui demande comment
il a fait pour vivre avec
Eric Clapton is God.
Il me répond
I didn't.
Je lui demande
Are you God?
Il sourit et dit
No. But he is a
good friend of mine…
You know?…

Je ne know pas…

Rencontre

Il voulait me vendre
sa montre russe
antichoc
imperméable
en or
avec
sur le cadran
un
Mickey Mouse
sourire sale
mains blanches
qui pointaient
vers un futur
furtif.

Hook line and sinker

Brise par brise
sous le pare-brise fêlé
du ciel
les portes du temps
s'ouvrent sur ton
sexe et
le poisson a le regard
vide et
tu le regardes tandis que
tu lui arraches l'hameçon
et
le rejette à l'eau en
lui disant
je m'excuse pour
le trou dans ton
sourire.

La fente

Des phoques
défroqués
des masques
flasques.

Visages à
deux piastres
visages à
deux places.

La fente s'élargit
dangereusement.

True confessions

Je me confesse.

Oui.

C'est moi qui fait
mon lit et
couche avec.

Tout habillé
comme un pompier
attendant un feu.

Insérez titre ici

Des fraises frôlent
la folie dans
un bol blanc et
incendié.

Assis dans la fenêtre
je baille jusque dans
les rideaux.

Les corneilles
dans le couloir
du ciel.

Ma blonde roupille.
Mon poème lui parle
dans l'dos.

Les petits ganglions

Les petits ganglions
de nuages
s'enragent et
deviennent des
cancers en peluche qui
tombent sur les
têtes des touristes
et les mangent.

L'un d'eux dit
(juste avant de
mourir) :
on aurait dû rester
dans l'autobus.

L'endroit

L'endroit
l'instant
l'infini
et le courrier
arrivent tous
en même temps.

Il n'y a pas d'adresse
de retour.

Le phare clignotant

Le phare clignotant
assure l'extinction
du temps

Les vagues
broient des corps gris
contre les falaises
de sa robe

Elle ne parle jamais
elle est silencieuse
et lointaine
comme le vent

Amène-moi
chez toi

Je veux voir
l'araignée
de tes yeux

Hiéroglyphes

Je me suis égaré
dans les rues de la ville
comme un lion.

J'arrive des
marécages
de l'Afrique.

J'ai passé la nuit
avec Cléopâtre et
j'ai faim.

Plus tard, le même soir

Un mal de tête me
caresse les
cheveux.
Dehors, la
nuit me dort
dans la face.

Il fera bientôt jour.
J'écris ce poème
en attendant.

Cours de chant

Embrassé
juste au dessus
du sommeil

je chantais la
chaleur de
ta voix.

Le click track
de l'amour
tournait en rond
dans ma tête
comme un train
électrique à
vapeur.

Météo

La terre a
la calotte glacière
un peu croche
sur la tête.

C'est une calotte
des Yankees.

On ne sait plus
quoi se mettre
sur le dos.

Hanmer bowling blues
(pour Alain Harvey)

J'oublie tout ce que
je connais
tout ce que
j'ai connu et
je recommence
nu comme
une larve
habillée
en monde.

Assis là
comme une
boule de quilles
que personne ne veut

assis là
tout rond
tout neuf
tout plein
de trous.

Tomahawk

Légèrement décidé
je me réveille
vers toi.

Je dors
debout
accoté
dans un coin
comme un
wounded wooden
indian.

J'ai une balle
comme un clou
dans le cœur
et

légèrement décédé

je tombe
vers toi.

Maman musique

Animal
Carnaval

À l'aise
comme une fraise

On est bien ici
On est bien dans ton ventre
Maman musique

Juste pour lui

Elle a des yeux
juste
pour lui. Elle
les glisse doucement
dans sa poche
de veston. Ce sont
des microfilms pleins
de secrètes intentions
juste pour
lui.

C'est une jeune poule.
Elle répond
des œufs lumineux
à toutes ses questions.

Dans le tombeau d'Edgar Poe

Dans le tombeau d'Edgar Poe
les vers se couchent.

L'un d'eux demande à sa maman:
«Maman, conte-nous une
histoire extraordinaire.»

Mariage

Il sort de la banque
bras dessus bras dessous
avec sa paye.
Un tintement de cloches d'église
est imprimé dans
l'horloge de ses yeux.
Autour de lui
une neige douce
tombe
comme des confettis.

Etc.

L'et cætera des oiseaux qui
passe dans le ciel et

le ciel est le seul drapeau
qui n'est pas à sens unique…

Sujet verbe

Assis devant mon bureau
dans ma chaise comme
dans une berceuse.

Mon parapluie s'est transformé
en canne d'aveugle.

Mes jambes sont meurtries
de vacheries et de menteries.
Elles sont ravagées par
les varices du verbe.

Il se met à pleuvoir
dehors.
Où est le sujet quand
on en a besoin?

Astronomade
(pour Paul)

Les étoiles sont des
points de suspension
au bout des arbres.
La lune
apostrophe
entre ciel et
terre.

et les planètes se
bousculent
sans jamais se
toucher.

Maquille la montagne

Maquille la montagne
maquille la campagne
maquille le sourire
blanc du lac
tant que tu veux
il y aura toujours
l'oiseau sage et silencieux
qui dort dans
la bouche en nid
d'un vieux
qui dort sur
sa galerie.

Maquille la montagne
tant que tu veux
mais sur le
visage vert hôpital
de la terre
elle sera toujours
juste une montagne
respirant la beauté blême
du ciel.

Table des matières

Rapido 7

Les faces de la rue 8

Freshly Roasted / Fraîchement grillées 9

Chaque masque qu'elle porte 10

Carole (Fleur de lis) 11

Rien d'autre à faire 12

Cène un, prise deux cents 13

«Trois lignes de haïku...» 14

Dans le parfois de la peau 15

Sous un midi de la rondeur jaune 16

Ketchup 17

Ma mère dansait le charleston 18

Et le dieu bleu 19

Le long cool dude 20

Photo de Keith Jarrett 21

Agnostic angel 22

Carte postale 23

Les périls de Pauline 24

On perd nos poèmes .25

Poisson messager 26

Moto Québec 27

Crépuscule 28

Miles' Smiles 29

Douche téléphone 30

Précipitation 31

L'électricité 32

La paix au Moyen-Orient 33

Épitaphe 34

Katerine 35

～ Mata Hari Kiri 36

Champlain Québec 37

Écureuil folle 38

～ Sur la terrasse Dufferin 40

—Au fond (des choses) 41

Fait divers 42

— Notes de l'odeur 43

Giblotte 44

～ Funky Tonk 45

Pourtant 46

Dedans le ciel 48

～Avec l'arrivée de l'hiver 49

Premier juillet 50

～Sans paroles 51

Sur une plage 52

— Nuit transistor 53

— La boucane de l'amour 54

— La vedette sort de son corps 55

Quand nos lèvres comme des lièvres 56

Marathon 57

— Le menu 58

Mon chat 59

Elle hait les hommes 60

— Les os de mes ancêtres 61

Rien d'trop beau 62

Ce que l'hiver nous fait 63

— Les conséquences de la vie 64

Sauterelles 65

— La lutte 66

L'acte de tristesse 67

— Situation précaire 68

Petit polar 69

Le wouwou 70

— Gare Charlesbourg 71

Homme 72

Une si jolie veuve 73

Kiwi 74
Une mouche meurt 75
L'humidité du désespoir (sur les gobelets) 76
Bobinette 77
Eric Clapton 78
Rencontre 79
Hook line and sinker 80
La fente 81
True confessions 82
Insérez titre ici 83
Les petits ganglions 84
L'endroit 85
Le phare clignotant 86
Hiéroglyphes 87
Plus tard, le même soir 88
Cours de chant 89
Météo 90
Hanmer bowling blues 91
Tomahawk 92
Maman musique 93
Juste pour lui 94
Dans le tombeau d'Edgar Poe 95
Mariage 96
Etc. 97
Sujet verbe 98
Maquille la montagne 100

Avis au lecteur

Les poèmes suivants ont été publiés pour la première fois en 1977 dans le recueil *Les Conséquences de la vie*. Suivent le titre du poème et la page correspondante dans l'édition originale : Les faces de la rue, p. 47; Freshly Roasted / fraîchement grillées, p. 41; Carole (Fleur de lis), p. 18; Cène un, prise deux cents, p. 44; Dans le parfois de la peau, p. 31; Sous un midi de la rondeur jaune, p. 22; Ketchup, p. 17; Ma mère dansait le charleston, p. 21; Et le dieu bleu, p. 27; Photo de Keith Jarrett, p. 33; Les périls de Pauline, p. 26; Moto Québec, p. 16; Miles' Smiles, p. 15; Précipitation, p. 14; Épitaphe pour Lenny Bruce, p. 46; Katerine, p. 39; Mata Hari Kiri, p. 35; Sur la terrasse, p. 29; Au fond (des choses), p. 13; Notes de l'odeur, p. 12; Funky Tonk, p. 11; Avec l'arrivée de l'hiver, p. 28; Sans paroles, p. 10; Nuit transistor, p. 38; La boucane de l'amour, p. 25; La vedette sort de son corps, p. 9; Le menu, p. 8; Les os de mes ancêtres, p. 7; Les conséquences de la vie, p. 37; La lutte, p. 36; Situation précaire, p. 19; Gare Charlesbourg, p. 20; Le phare clignotant, p. 42; Hiéroglyphes, p. 30; Plus tard, le même soir, p. 32; Maman musique, p. 24; Juste pour lui, p. 45; Dans le tombeau d'Edgar Poe, p. 43; Mariage, p. 34; Etc., p. 23; Astronomade, p. 40.

Achevé d'imprimer
en novembre deux mille deux, sur les presses
de l'Imprimerie Gauvin, Hull, Québec